La nouvelle fille est arrivée

Original story by Jennifer Degenhardt

Original story translated and adapted by
Nissa Quill and her very talented and
dedicated students

Edited by Françoise Piron

Cover art by Arabel Bashor

To all of *les nouvelles filles et les nouveaux*, may you always find friendship and community wherever you are.

TABLE DES MATIÈRES

REMERCIEMENTS

This story in French would not be possible without the assistance of Nissa Quill's fabulously talented, energetic and persistent group of 8th graders at Walkersville Middle School, who took on the challenge of translating and adapting the present tense story. However, they would not have been nearly as successful as they were had it not been for the tutelage of Nissa Quill. Only a driven and dynamic teacher would be able to properly corral the energy of middle schoolers in order to complete such a project. *Merci beaucoup*, Nissa !

The beautiful cover art was created by student artist, Arabel Bashor. Arabel is a student at Paint It Black Art in Carlsbad, CA, under the direction of Lisa Funston. I am always so grateful to collaborate with the artists at Paint It Black Art, for their artistry, attention to detail and ability to capture details of the story in a single image. *Merci !*

Merci aussi to Françoise Piron for editing the second edition of this book. As always, I appreciate her help immensely.

i

NOTE

In French, the *passé simple* is the usual tense for narrating stories in the past, especially in literary texts, fairy tales, and historical accounts. However, for our purpose in this reader, we are focusing on teaching students the *passé composé* and *imparfait,* which are the tenses most commonly used in everyday speech and writing. The *passé composé* is used for completed actions, while the *imparfait* describes ongoing situations, habits, or background details. By using these two tenses instead of the *passé simple,* students can better understand how to express past events in practical and conversational contexts.

Chapitre 1
Cooper

Je m'appelle Cooper et j'ai eu dix-sept (17) ans pendant ma 11ᵉ année. J'étais de Douglaston, au Connecticut. J'étais grand, mais pas très grand, mince, et sportif aussi. J'aimais le foot et j'aimais le hockey. Je faisais du sport au lycée.

J'aimais aussi la musique rock et la musique pop. Je n'aimais pas la musique classique. Et j'aimais aussi beaucoup manger. J'aimais la cuisine italienne et la cuisine chinoise. Je n'aimais pas la cuisine japonaise. Mon restaurant préféré pour la cuisine italienne était Rizzuto's et mon restaurant préféré pour la cuisine chinoise était Chang's.

J'habitais avec ma famille à Douglaston. Nous étions cinq dans ma famille ; mon père, ma mère, ma sœur, mon frère et moi. Mon père s'appelait Chip et il avait quarante-sept (47) ans. Ma mère s'appelait Mitzi et elle avait quarante-cinq (45) ans. Ma sœur s'appelait Caitlin et elle avait quatorze (14) ans. Mon frère s'appelait Sam et il avait onze (11) ans.

Ma famille habitait dans une très grande maison au 7, Settler's Trail. La maison était blanche. Ma famille avait trois voitures. Mon père avait une voiture, ma mère avait une voiture, et j'avais aussi une voiture.

J'étais élève au lycée Douglaston High School. Ma sœur était aussi élève dans ce lycée. Mon frère était élève au collège Madison Middle School. Mon père travaillait dans une banque à New York. Ma mère ne travaillait pas mais elle était bénévole pour plein d'organisations.

Chapitre 2
Akshara

Je m'appelais Akshara Ayayi et j'ai eu seize (16) ans pendant ma 10ᵉ année. J'étais d'origine togolaise, mais à ce moment-là, j'habitais à Douglaston. J'étais une nouvelle résidente de Douglaston. J'étais très petite. Je n'étais ni grosse ni mince. J'aimais bien le foot. Mon équipe préférée était l'équipe nationale du Togo. J'aimais, non… j'adorais manger. La cuisine préférée de ma famille était la cuisine togolaise. Bien sûr ! J'aimais le riz avec de la sauce d'arachide. J'aimais aussi le *fufu* et j'adorais un plat togolais qui s'appelle *tchintchinga*.

J'habitais avec ma famille dans un appartement, dans une nouvelle résidence qui s'appelait Heights, à Douglaston. Nous étions six dans ma famille. J'habitais avec mon père, ma mère, mes sœurs et mon frère. Mon père s'appelait Amadou et ma mère s'appelait Fati. Mon frère s'appelait Philippe. Son vrai nom était Kassim. C'était un nom togolais, comme le mien. Philippe avait dix-neuf (19) ans et il

4

travaillait et étudiait à l'université locale. L'université s'appelait UCONN Salem. Une de nos sœurs s'appelait Cherita et l'autre sœur s'appelait Nadège. Cherita avait douze (12) ans et Nadège avait huit (8) ans. Cherita étudiait au collège Madison Middle School et Nadège était élève à l'école primaire Pierson Elementary.

Mon père travaillait pour une entreprise de construction qui s'appelait ME Construction. C'était une entreprise dans le comté de Westchester, dans l'état de New York. Ma mère nettoyait les maisons des familles de Westchester. Elle travaillait pour une petite entreprise privée. Ma famille habitait à Douglaston à ce moment-là parce que le lycée de Douglaston était très bon.

Chapitre 3
Cooper

Deux semaines avant le début de l'école, j'avais besoin de fournitures scolaires. Cette année-là j'avais plusieurs nouveaux cours ; les maths AP, les sciences AP, l'histoire des États-Unis, la littérature et le français 5. Je n'avais pas de cours d'arts plastiques parce que je n'aimais pas ça. J'aimais la musique mais je n'avais pas de cours de musique non plus.

J'avais besoin d'aller à Staples et j'y suis allé en voiture pour acheter des fournitures scolaires. J'avais besoin de cahiers, de papier, de crayons, de stylos et d'une nouvelle calculatrice. Je suis allé à Staples dans ma Jeep. J'ai écouté une chanson sur Spotify. La chanson s'appelait *Mercy.* C'était une chanson du groupe Madame Monsieur. Il s'agissait d'immigrants d'Afrique du Nord.

Chapitre 4
Akshara

« Maman, je vais travailler au Greasy Spoon. Ciao !

—Ciao, ma belle. »

Ce jour-là, j'ai pris le bus pour aller à mon travail. J'étais serveuse au Greasy Spoon. Je travaillais avec d'autres francophones. L'un d'eux s'appelait Raul et il était du Cameroun. Son frère Mamadou travaillait là-bas aussi. Une femme s'appelait Trinité et elle était sénégalaise. J'aimais parler français avec eux. Après mon travail, j'ai pris le bus pour Staples pour acheter des choses pour l'école. Cette année-là, j'allais au nouveau lycée, Douglaston High School. Dans le bus, j'ai écouté de la musique sur mon iPhone. J'ai écouté une nouvelle chanson d'un groupe intéressant. La chanson s'appelait *Mercy* et le groupe était Madame Monsieur. Ils ont représenté la France dans le concours Eurovision 2018. La chanson *Mercy* a fini en treizième place.

À Staples je voulais acheter les fournitures scolaires dont j'avais besoin pour mes cours.

J'avais quelques nouveaux cours : la biologie, la géométrie, les sciences sociales, l'anglais, le français et la musique. Bien sûr, j'avais aussi le cours d'EPS. Mais je n'avais pas le cours d'informatique parce que je n'aimais pas trop la technologie. J'avais des crayons et des stylos, mais j'avais besoin de cahiers, de classeurs, et d'une nouvelle calculatrice.

À Staples j'avais déjà pris les dossiers et la calculatrice, et à ce moment-là, je cherchais des cahiers. Soudain, j'ai vu un beau garçon. Il était mince et grand aux cheveux blonds et aux yeux bleus. Il avait un t-shirt avec « Douglaston High School Soccer ». Comme c'était intéressant ! Est-ce qu'il était élève à Douglaston High School ?

Chapitre 5
Cooper

Aïe, aïe, aïe ! Où étaient les cahiers ? J'avais la calculatrice TI-89 dont j'avais besoin pour le cours de maths avec le professeur Coppock. Le cours de maths AP était très difficile, mais intéressant. Le prof Coppock était très bon. Il était sympa aussi.

J'avais aussi le papier, les stylos et les crayons dont j'avais besoin. Mais je ne voyais pas les dossiers. J'ai vu les marqueurs et les gommes, mais je ne voyais pas les dossiers. À ce moment-là, j'ai vu une très belle fille. Elle était petite et elle avait les cheveux longs, noirs et raides. Elle avait aussi de grands yeux bruns. Elle portait une blouse verte avec les mots « Greasy Spoon ». À la main, elle avait des cahiers, des crayons, et des classeurs.

« Salut » je lui ai dit.

« Salut » elle a répondu.

« Vous savez où sont les dossiers ? »

Avec un grand sourire, elle a répondu.

« Ils sont au rayon numéro quatre.

—Excellent ! Merci » je lui ai dit.

La fille ne parlait pas beaucoup mais elle était très sympa. Et elle était très belle. Est-ce qu'elle étudiait à Douglaston High School ?

Chapitre 6
Cooper

J'étais dans la voiture pour aller à la maison. C'était le premier jour d'entraînement de foot le lendemain. J'avais de nouveaux t-shirts, un nouveau short, de nouvelles chaussettes, et de nouvelles baskets.

« Salut, maman. Voilà ta carte de crédit. J'ai mes fournitures scolaires. Qu'est-ce qu'il y a pour le dîner ?

—Ton père ne va pas rentrer avant 9 heures. Ton frère est chez son ami, ta sœur est à sa leçon de ballet et j'ai un dîner avec mes amis. Voilà vingt dollars pour la pizzeria.

—D'accord. Où est mon sac pour le foot ? J'ai l'entraînement demain.

—Voici ton sac. Tu as tout pour l'entraînement.

—Bon, merci ».

Avec mon iPhone j'ai envoyé un texto à mon ami, Kyle.

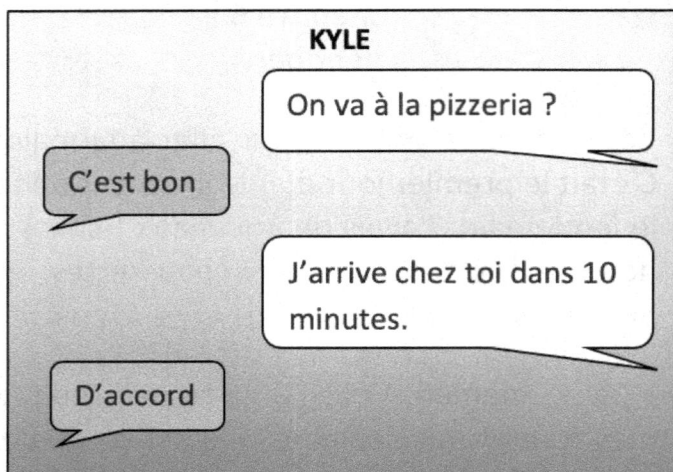

KYLE

On va à la pizzeria ?

C'est bon

J'arrive chez toi dans 10 minutes.

D'accord

Sur le chemin, j'ai écouté Spotify dans ma voiture. Sur Spotify, j'ai écouté la nouvelle chanson de Madame Monsieur. J'aimais bien cette chanson. Et les paroles étaient excellentes. C'était la chanson *Mercy* du concours Eurovision 2018.

Kyle est monté dans la voiture.

« Salut » il m'a dit.

« Salut » je lui ai dit. « Ma famille n'est pas chez nous pour le dîner.

—Mes parents ne sont pas là non plus. C'est normal.

—Oui, mais je n'aime pas ça. J'aime dîner avec ma famille.

—Oui. On a l'entraînement demain. T'es prêt ? »

—Oui, et dans deux semaines les cours au lycée commencent. Incroyable !

—Mais c'est la dernière année de lycée. Excellent !

—C'est vrai. On prend une glace après la pizza ?

—Bonne idée ».

Chapitre 7
Akshara

Avec mes fournitures scolaires, j'ai pris le bus jusqu'à mon nouvel appartement à Douglaston. Je me suis demandé « C'était qui, ce garçon ? ». Il était très beau avec les cheveux blonds et les yeux bleus. Est-ce qu'il étudiait à Douglaston High School ? Est-ce qu'il jouait au foot ? Est-ce que je le reverrais ?

Quand je suis arrivée à l'appartement, j'ai dit bonjour à ma mère, à mon frère et à mes sœurs. J'avais besoin d'organiser mes vêtements de foot parce que c'était le premier jour d'entraînement. Dans mon sac à dos, j'avais mon maillot, mon short, mes chaussettes, mes baskets, et une bouteille d'eau. Je devais travailler après l'entraînement et j'avais aussi mon costume dans le sac à dos.

« Sharaaa » a crié ma mère.
« J'ai besoin de toi dans la cuisine.

—J'arrive ».

Je suis allée à la cuisine et j'ai aidé ma mère avec le dîner. J'ai préparé une salade et elle a préparé du riz et du poulet. À ce moment-là, mon père est arrivé.

« Bonjour, tout le monde ! »

Quelques minutes après, on était à table et on a dîné ensemble.

Chapitre 8
Akshara

J'ai pris mon sac et j'ai marché en direction du lycée, qui était à seulement quelques mètres de l'appartement. Quand je suis arrivée au lycée, j'ai parlé avec l'entraîneur White. Je lui ai expliqué que j'étais une nouvelle élève à Douglaston High School, mais que je jouais très bien au foot.

« Bonjour » il m'a dit. « Comment vous appelez vous ?

—Je suis Akshara » j'ai répondu.

« Bienvenue à Douglaston. Vous pouvez courir avec les autres filles de l'équipe.

—C´est bon. Merci ».

Je suis allée avec le groupe et on a couru sur la piste. Sur le terrain, j'ai vu une personne que je reconnaissais. Il était grand et beau, et il avait les cheveux blonds. C'était le garçon de Staples. Il devait être élève à la même école que moi.

*****

Cooper

Il était dix heures du matin. On s'est exercé pendant deux heures et après ça, on était tous fatigués.

Kyle m'a parlé. « Regarde la nouvelle fille. Elle court très vite.

—Oui, elle est très sportive. Et très belle aussi.

—Tu as des choses à faire ce soir ? » Kyle m'a demandé.

« D'abord je vais faire de l'exercice avec un entraîneur personnel. Et après ça, on va jouer au basket au Greenwidge Club. Tu veux jouer avec nous ?

—Oui, c'est bon. Envoie-moi un texto.

—D'accord ».

*****

Akshara

L'entraînement de foot était très bon pour moi. Je courrais très bien avec le ballon et M. White a dit « Excellent, Akshara ».

Après l'entraînement, j'ai parlé avec une des filles. Elle s'appelait Emily. Emily était de taille moyenne avec les cheveux longs, châtain et frisés.

« Tu t'appelles Akshara? » Elle m'a demandé.

« Oui » je lui ai répondu.

« Enchantée. Je m'appelle Emily et je te présente ma copine, Caroline. »

Caroline était très différente d'Emily. Elle était grande, très mince, elle avait les cheveux blonds et raides. De plus, ses cheveux étaient très longs.

« Salut Caroline.

—Salut, Akshara. Ton nom est très joli. J'aime beaucoup.

—Merci. C'est un nom togolais. Mes parents sont du Togo. Moi aussi » je lui ai expliqué.

« Oui, c'est super. Tu as des frères et sœurs ? » m'a demandé Caroline.

« J'en ai trois. J'ai un frère aîné et deux sœurs cadettes.

—Nous sommes six dans ma famille aussi » a dit Caroline. « Mes frères sont jumeaux et ils ont quinze ans et ma sœur cadette a huit ans.

—Ta famille parle français ? » a demandé Emily.

« Oui, j'ai répondu. On parle français chez nous, mais mon frère et mes sœurs parlent aussi anglais.

—Excellent » ont dit Emily et Caroline.

« Bon, les filles. Je dois aller travailler.

—Tu travailles ? Où ça ? »

—Je travaille au Greasy Spoon. Je suis serveuse.

—Ok, à plus tard.

—À demain à l'entraînement. »

Chapitre 9
Cooper

C'était la rentrée, le premier jour de cours au lycée. Je suis allé à tous mes nouveaux cours et j'ai vu mes amis. À la cantine pendant le déjeuner, nous avons parlé de l'été et de sport. Et bien sûr, nous avons parlé des filles. Kyle n'était pas là et je lui ai écrit un texto.

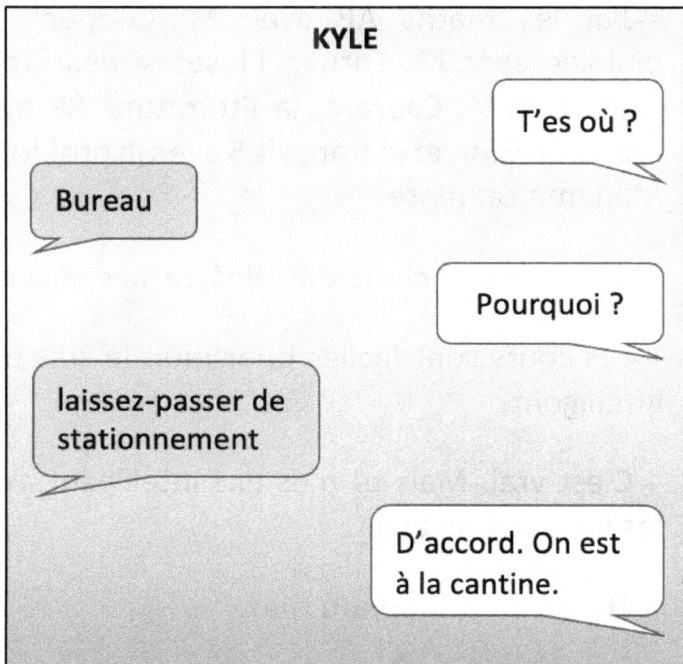

KYLE

> T'es où ?

> Bureau

> Pourquoi ?

> laissez-passer de stationnement

> D'accord. On est à la cantine.

J'ai parlé avec Matt, Ryan et Max. Nous étions amis depuis la maternelle. Kyle jouait au foot avec moi et Matt jouait au football américain. Ryan faisait de la lutte pendant l'hiver et Max… Max ne faisait pas de sport. C'était le plus intelligent de la bande. C'était l'intello du groupe.

« Tu as quels cours cette année, Max ?

—J'ai les maths AP avec M. Coppock, la biologie avec M. Turner, l'histoire des États-Unis avec M. Cabrera, la littérature AP avec Madame Ginn et le français 5 avec la prof folle, Madame LaPointe.

—Oh, tu as des cours difficiles. Je suis désolé.

—Les cours sont faciles pour moi. Je suis très intelligent.

—C'est vrai. Mais tu n'es pas intelligent avec les filles » je lui ai dit.

« Ha, ha ! » a répondu Max.

À l'autre bout de la cantine, j'ai vu la nouvelle fille.

« Je voudrais parler avec la nouvelle fille. Max, regarde et apprends ! Ha, ha ! »

*****

Akshara

J'étais à la cantine avec mes nouvelles amies, Emily et Caroline. Notre équipe de foot était très bonne. Nous voulions jouer dans le championnat de l'état.

Soudain, j'ai vu un garçon. C'était le garçon de Staples, le garçon qui jouait au foot pour le lycée de Douglaston.

« Salut » il m'a dit. « Je suis Cooper ».

J'ai regardé ses yeux bleus et j'ai répondu.

« Salut, je m'appelle Akshara.

—Enchanté.

—Enchantée.

—Tu es une nouvelle élève à l'école.

—Oui.

—Je t'ai vu à Staples et avec l'équipe de foot.

—Ah, oui, à Staples ».

Emily et Caroline souriaient beaucoup pendant la conversation.

« J'aime ton nom. Il est très joli. » a dit Cooper.

« Merci, c'est un nom togolais.

—C'est quoi, togolais ? » a demandé Cooper.

« Togolais fait référence au pays d'Afrique de l'ouest qui s'appelle le Togo. Là-bas on parle l'éwé et le kabiyè. Ce sont des langues autochtones[1] du Togo.

—C'est formidable. Quel est ton nom de famille ?

—Ayayi. Et toi ?

—Je m'appelle David Cooper Benenson, comme mon père. Tout le monde m'appelle Coop.

---

[1] autochtones : native, indigenous.

—Ohhhh, comme moi. Mon nom est Akshara, mais mes amis m'appellent Shara.

—Tu es Shara sur Snapchat ?

—Bien sûr. C´est avec mon nom, Akshara Ayayi.

—C'est bon si je t´écris un message ?

—Oui, cela me fera plaisir.

—Ben, maintenant j'y vais.

—Moi aussi. Enchantée de parler avec toi.

—À plus. Enchanté, Shara.

—À plus, Coop ».

Caroline et Emily m'ont parlé immédiatement.

« Que c'est cool, Shara. Cooper Benenson est le garçon le plus populaire et le plus beau du lycée. On est jalouse. Ha, ha. »

*****

Cooper

« COOOOOP ! » m'a dit Kyle. « Avec qui est-ce que tu parlais ?

—Elle s'appelle Akshara. C'est la nouvelle du lycée. Elle est très sympa. Et elle a de beaux yeux.

—Oh là là, Coop. Tous les ans, il y a une nouvelle fille pour toi.

—Non, Kyle. Cette fois c'est différent.

« Tu dis ça chaque année ! Allons en classe ».

Chapitre 10
Cooper

J'ai écrit à Akshara sur Snapchat.

Coop Benenson
Salut, Akshara. C'était super de te rencontrer aujourd´hui. Tu aimes Douglaston ?

Akshara Ayayi
Salut. Oui, j'aime bien. Il y a bcp d'activités à faire ici ?

Coop Benenson
Bien sûr. Au printemps et en automne mes amis et moi nageons à Chelsea Port à Salem. En été nous nageons à la plage Plante. De plus, on fait du sport.

Akshara Ayayi
Bcp de personnes font du sport à Douglaston, n'est-ce pas ?

Coop Benenson
BEAUUUUUUUUCOUP

Akshara Ayayi

Qu'est-ce qu'on fait pendant l'hiver ?

Coop Benenson

On fait du ski ou du snowboard quand il y a de la neige.

Akshara Ayayi

Super. Je suis désolée, mais je dois sortir la poubelle et garder ma petite sœur.

Coop Benenson

Pas de problème. Salut.

Akshara Ayayi

Salut. À plus.

Chapitre 11
Cooper

Le lendemain, il y avait un bal à La Station. Tous mes amis y allaient : Ryan, Max, Kyle, et Matt. J'y allais aussi mais je voulais y aller avec Akshara. Je l'ai invitée par texto.

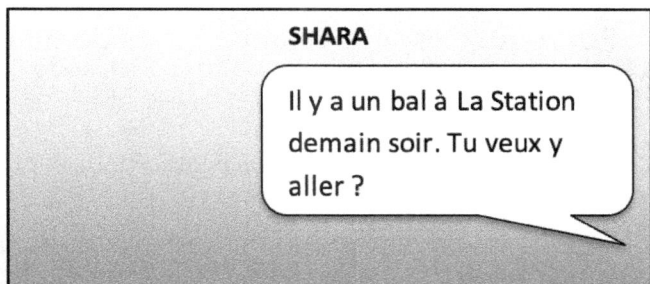

SHARA

> Il y a un bal à La Station demain soir. Tu veux y aller ?

*****

Akshara

J'étais dans le cours de maths avec M. Coppock. C'était un de mes profs préférés. Il était très marrant et sympa. J'ai reçu un texto sur mon portable. C'était de Cooper. Il voulait m'inviter au bal du lendemain à La Station. Je répondais au texto quand M. Coppock m'a parlé.

« Shara, qu'est-ce que tu fais ?

—Euh, j'écris un texto ?

—Pendant le cours de maths ?

—Oui, Monsieur. C'est très important » je lui ai répondu un peu inquiète.

 « Pourquoi c'est important ? » m'a demandé M. Coppock.

« Un ami m'invite au bal de demain.

—C'est bon » a répondu M. Coppock avec un sourire.

Avec un sourire, moi aussi, j'ai écrit un texto à Cooper.

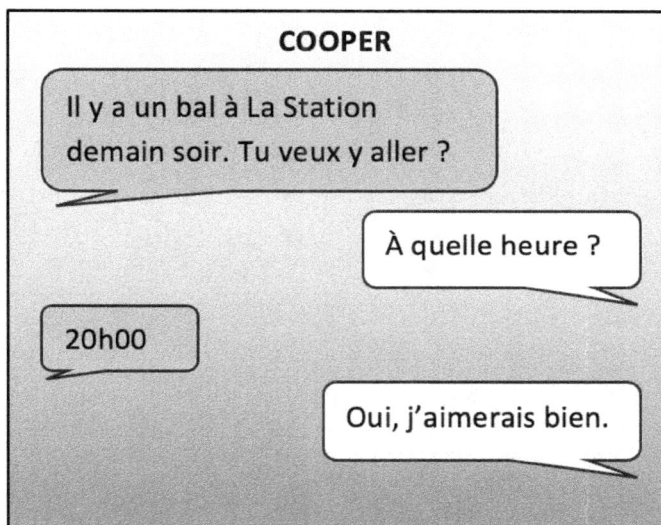

COOPER

Il y a un bal à La Station demain soir. Tu veux y aller ?

À quelle heure ?

20h00

Oui, j'aimerais bien.

« Shara, ça suffit. » a dit M. Coppock.

Je n'avais plus le temps de terminer la conversation. J'imaginais une soirée extraordinaire.

*****

Cooper

Je n'avais pas de texto de Shara. Est-ce qu'elle voulait aller au bal avec moi ? Après un moment, le portable a indiqué un autre texto.

SHARA

Il y a un bal à La Station demain soir. Tu veux y aller ?

À quelle heure ?

20h00

Oui, j'aimerais bien.

J'arrive chez toi à 19h30. Tu veux aller à la pizzeria avant ?

Oui, je voudrais y aller et la pizza c'est une bonne idée.

Chapitre 12
Cooper

C'était vendredi soir. Je portais des pantalons kaki et une nouvelle chemise de Vineyard Vines. Moi, j'aimais bien la chemise, la couleur en particulier. La chemise était violette.

Avant de sortir de chez moi, j'ai écrit un texto à Shara.

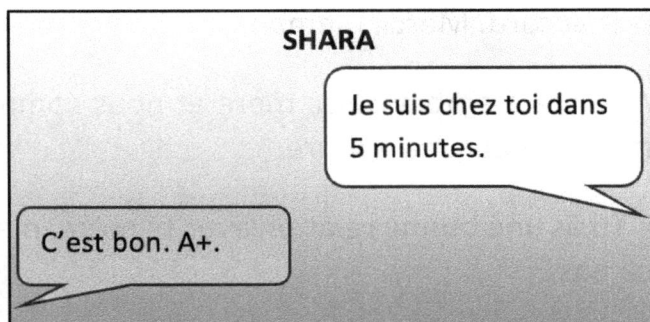

SHARA

> Je suis chez toi dans 5 minutes.

> C'est bon. A+.

Je suis allé chez Akshara, j'ai frappé à la porte et je me suis présenté à sa mère.

« Bonjour, Mme Ayayi. Je m'appelle Cooper. Je vais sortir avec Akshara ce soir.

—Enchantée, Cooper. Un moment » a dit sa mère.

« Sharaaa !

—J'arrive, maman. »

Akshara est arrivée à la porte et a parlé avec sa mère pendant un instant.

« Ciao, maman.

—Akshara, il faut que tu rentres à 23h00.

—D'accord. Merci, maman. »

Akshara a embrassé sa mère et nous sommes montés dans ma voiture.

« Tu as une bonne relation avec ta mère, n'est-ce pas ?

—Oui, très bonne. »

*****

Akshara

Après la pizza, Cooper et moi sommes allés à La Station. Il y avait beaucoup de gens. Quelques garçons et quelques filles parlaient avec leurs amis. Cooper et moi sommes entrés dans la grande salle pour retrouver nos amis.

Kyle, Max, et Ryan étaient là avec Emily et Caroline. Nous avons parlé du bal et de la musique.

« Qu'est-ce que vous pensez de la musique ? » j'ai demandé aux filles.

« Elle est bonne ce soir. Le DJ est Matt.

—Super » a dit Cooper. « Je vais parler avec lui. »

Cooper est allé parler avec Matt. Quelques minutes plus tard, Matt a mis une nouvelle chanson de Lara Fabian et Maurane, *Toi et moi*. Cooper a pris ma main et m'a invitée à danser. Quelle belle soirée !

Chapitre 13
Cooper

Ce soir-là, Kyle, Max, Ryan, Matt et moi avons regardé un match de foot professionnel. C'était un match pour la qualification à la Coupe du Monde à Moscou en 2018. Nous étions chez Kyle quand Kyle a mentionné le dîner spécial pour l'équipe de hockey. Kyle, Ryan et moi jouions dans l'équipe.

« Nous devons voler le panneau comme cadeau pour Coach G.

—Ah, oui » a dit Ryan. « Allons-y après le match. »

*****

Akshara

Tous les garçons étaient chez Kyle ce soir-là pour regarder un match de foot. Emily, Caroline et moi ne voulions pas y aller, donc nous sommes allées faire des achats au centre commercial. J'avais l'argent de mon travail et je voulais acheter une nouvelle robe pour le lycée.

Emily et Caroline avaient les cartes de crédit de leurs mères. Elles achetaient beaucoup plus que moi, mais cela m'était égal.

Au centre commercial, on est d'abord allées au magasin Gap. Nous voulions des pantalons de toutes les couleurs : rouges, jaunes, verts, roses et bleus, et de toutes les tailles : petites, moyennes, grandes. Il y avait aussi des chemises orange, jaunes, blanches, et noires. Caroline a regardé les ceintures et en a pris deux, une noire et une marron.

« C'est combien ? » a demandé Emily.

« 50 dollars.

—C'est bon marché » a répondu Caroline.

Bon marché ? 50 dollars pour une ceinture ? Je trouvais ça très cher. Mais je n'ai dit rien. J'ai regardé les robes. J'ai vu une robe blanche et bleue que j'aimais bien. Il y avait un nouveau prix. L'étiquette indiquait qu'à ce moment-là, le prix était 23.95$. C'était un bon prix pour la robe.

Les filles et moi avons payé et puis nous sommes allées à Abercrombie & Fitch. C'était à côté du GAP. La musique était très forte et nous sommes sorties. Nous avons décidé d'aller à H&M. Moi, j'aimais H&M parce que les vêtements avaient beaucoup de couleurs et les prix étaient bons. Nous sommes entrées dans le magasin. J'ai vu une jolie robe mais je n'aimais pas la couleur.

« J'ai faim » a dit Emily.

« Moi aussi » a dit Caroline.

« J'ai soif. Allons au Food Court » a dit Emily.

Les filles et moi avons marché jusqu'à l'autre bout du centre commercial parce que les restaurants étaient loin de H&M.

Chapitre 14
Akshara

Cooper et moi étions devenus amis. Nous passions beaucoup de temps ensemble au lycée et pendant le week-end. Je n'étais pas surprise quand j'ai reçu un message de lui par Snapchat vendredi.

Coop Benenson
   Salut, Shara. Tu fais quoi samedi ?

Les garçons n'écrivaient pas souvent des textos. J'ai utilisé mon portable et j'ai écrit un message.

Shara
   Salut Cooper, je dois aller à New York pour rendre visite à ma tante. Tu veux y aller avec moi ?

Ma tante était la sœur cadette de mon père. Elle s'appelait Anne et elle était ma tante préférée. Elle avait trente-cinq (35) ans et elle habitait à Flatbush Brooklyn avec son mari, Jean. Il était haïtien-américain.

Ils avaient deux enfants, Sophie et Matthieu, qui étaient mes cousins. Sophie avait six (6) ans et Matthieu avait quatre (4) ans. Ils étaient très énergiques !

Coop Benenson
   J'aimerais bien y aller avec toi.

Flatbush, Brooklyn était un quartier avec beaucoup d'immigrants. Il y avait des Sénégalais, des Congolais, des Afro-Américains, des Italiens, et des Juifs aussi. C'était un endroit multiculturel.

Chapitre 15
Cooper

Le jour de notre visite à New York, Akshara et moi avons pris le train Metro North de la gare de Douglaston. Nous avons acheté les billets et avons attendu le train sur le quai.

Après quelques minutes, le train est arrivé et nous sommes montés. Nous avons parlé pendant les quarante-cinq (45) minutes de trajet entre Douglaston et New York.

« On fait quoi à New York, Shara ?

—Cooper, j'ai prévu plein de choses pour la journée. D'abord on va déjeuner au restaurant franco-sénégalais Café Rue Dix. Après ça, on va visiter l'église réformée Flatbush Dutch. Le musée de l´église est ouvert le mercredi, le jeudi, le vendredi et le samedi. Mais c'est fermé aux visiteurs le dimanche, le lundi et le mardi. Ensuite, on va regarder les peintures murales des artistes des Caraïbes de Flatbush. Les peintures murales sont sur les bâtiments du quartier.

—C'est intéressant ! » a dit Cooper.

Shara et moi avons entendu le contrôleur.

« Flatbush Avenue - Brooklyn College. »

Nous sommes allés à l'église et avons visité le musée. Il était fascinant. J'aimais beaucoup. Ensuite, on a regardé les peintures murales. Plusieurs peintures étaient des images de la vie de tous les jours du quartier, mais il y en avait aussi d'autres. Enfin, nous sommes allés à l'appartement de la tante d'Akshara. Pendant que nous nous sommes promenés, Akshara m'a expliqué la signification des peintures murales.

Nous devions apporter un cadeau à l'oncle et à la tante d'Akshara, donc nous sommes entrés dans une épicerie. Il y avait de tout dans l'épicerie : des fruits, des légumes, du lait, des fleurs... On a pris des fleurs pour les adultes et des bonbons pour les enfants.

Chez la tante de Shara, nous avons beaucoup parlé et les enfants ont dessiné avec des marqueurs. Nous avons mangé le *tchintchinga* que sa tante avait préparé. Il était très délicieux.

Dans le train de retour, Shara et moi nous sommes reposés. Nous avions passé une excellente journée au Ti Ayiti. C'était une partie de New York qui était entièrement nouvelle pour moi.

Chapitre 16
Akshara

C'était la semaine de vacances de février. Je devais travailler trois jours pendant la semaine. Le vendredi matin, j'étais au travail quand Cooper et sa famille sont entrés dans le Greasy Spoon.

« Salut Cooper.

—Salut Akshara. Je te présente ma famille. Ça, c'est ma mère Mitzi. Ça, c'est mon père Chip, ma sœur Caitlin et mon frère Sam.

—Salut. Enchantée.

—Salut. Nous pouvons voir la carte ? » a demandé le père de Cooper.

« Ben, oui. Une minute. »

J'étais surprise. Les parents de Cooper ne m'ont pas parlé. Ils ne m'ont pas regardée. C'était un problème et j'étais triste.

La famille Benenson a pris le petit déjeuner et est sortie. Cooper m'a parlé.

« Ciao, Shara. Je vais t'envoyer un texto cet après-midi.

—Ciao, Cooper. »

Cooper

Après le petit déjeuner au Greasy Spoon, mon père et ma mère m'ont parlé.

« Ton amie est très basanée » a dit ma mère.

« Oui, Coop. Nous ne voulons pas de problèmes.

Choqué par l'attitude de mes parents, j'ai dit:

—Des problèmes ? Des problèmes ? Shara est ma copine et ce n'est pas un problème.

—Cooper, tu n'es pas de la même classe sociale qu'elle. Tu dois sortir avec une autre classe de fille.

—Non. J'aime Shara. C'est ma copine. »

Depuis ce jour-là, j'ai eu beaucoup de problèmes avec mes parents. C'était terrible. J'allais en avoir encore plus.

Chapitre 17
Akshara

Le Temps

mardi, 22 février

Vol d'un Panneau

Quelques élèves du lycée   de Douglaston

« Sharaaa » a crié ma mère.

« J'arrive ! »

Je suis entrée dans la cuisine et ma mère m'a dit :

« Akshara, les garçons ici dans le journal. Ce sont tes amis ?

—Comment ? » j'ai répondu.

J'ai lu l'article qui disait que Kyle, Matt, Max et Cooper avaient volé le panneau de l'équipe de hockey.

« Maman, ce n'est pas vrai. Il y a une explication.

—Shara, nous ne sommes pas aux États-Unis pour avoir des problèmes. Nous sommes ici pour avoir une vie meilleure.

—Je le sais, maman. Cooper et ses amis ne sont pas de mauvais garçons. Ils sont gentils.

—Shara, tu ne peux plus sortir avec lui.

—Mais c'est mon copain. C'est mon COPAIN ! »

Ce soir-là j'ai envoyé un texto à Cooper.

COOPER

Cooper, j'ai plein de problèmes chez moi.

Moi aussi

Je t'aime

Et moi, je t'aime bien aussi. On se parle demain.

Chapitre 18
Cooper

Shara et moi, nous devions parler. Nous avions des problèmes avec nos parents. J'ai parlé avec Shara dans la cour du lycée.

« Shara, je veux être ton copain, mais j'ai des problèmes avec mes parents.

—Moi aussi, Cooper. Ma mère a dit que tu n'es pas un garçon bien.

—La situation est terrible. Qu'est-ce qu'on fait ?

— Aucune idée ».

*****

Akshara

Après avoir parlé avec Cooper, je suis allée en cours avec ma prof préférée. C'était ma prof de français 4.

« Madame, j'ai un gros problème.

—C'est quoi, Shara ?

—Cooper est mon copain, mais ma mère dit qu'il n'est pas un garçon bien à cause de ce problème avec le panneau. Et ses parents ne m'acceptent pas parce que je suis togolaise. »

La professeur Allen comprenait bien. Son mari était ivoirien. Elle m'a dit:

« Shara, tu dois parler avec tes parents. Ils doivent comprendre la situation. Cooper est une personne sympa. Et toi aussi, tu es une personne pleine de qualités.

—Merci, madame. »

Dans sa classe, nous avons écouté une chanson. La prof adorait la musique et elle mettait toujours de la musique en cours. C'était une nouvelle chanson de Lara Fabian et Maurane qui s'appelait *Tu es mon autre.*

*****

Cooper

Kyle et moi étions à la cantine. Nous avons pris une pause, parce que nous n'avions pas cours à ce moment-là. J'ai parlé avec Kyle de mes problèmes avec Shara. Kyle a écouté mais il n'a pas dit grand-chose. Il me faisait écouter une nouvelle chanson, qui avait de jolies paroles. C'était une chanson de Lara Fabian et Maurane qui s'appelait *Tu es mon autre*. La chanson me faisait penser à Shara.

J'adorais la chanson. C'était une chanson pour Shara et moi. Cela m'a donné une idée. Je suis allé parler avec mes parents ce soir-là.

Chez moi, après le dîner, j'ai parlé avec mes parents au sujet des commentaires qu'ils avaient fait sur Shara.

« Papa et maman, je veux vous parler de Shara. C'est ma copine, mais il est évident que vous n'acceptez pas ce fait. Pourquoi ? »

Mon père m'a parlé le premier.

« Coop. Ta mère et moi sommes inquiets pour toi. Les gens de notre ville n'aiment pas les personnes différentes.

—Mais papa et maman, Shara est une personne bien. Oui, elle est différente, mais elle est pleine de bonnes qualités. Et à mon avis, il faut être sympa avec TOUT LE MONDE. »

Mon père m'a regardé et a continué à parler.

« Cooper, tu es un garçon bien. Nous sommes fiers de toi. Tu as raison. Nous sommes tous humains. Peu importent les différences. »

Ma mère m'a dit :

« Oui, Cooper. Tu es un jeune homme plein de qualités. Merci de m'avoir enseigné quelque chose d'important. Tu vas inviter quelqu'un à la *prom* ? Tu dois inviter Shara. Et ton père et moi allons organiser une fête pour tous les parents ce soir-là.

—Oh, papa et maman ! Merci. Vous êtes super !

Chapitre 19
Cooper

C'était un jour d'avril très froid. D'habitude, en avril, il faisait frais et venteux. Mais ce jour, il faisait froid et il neigeait. C'était très bizarre. D'habitude, il neigeait en décembre, en janvier, en février ou en mars. Il ne neigeait pas en avril. C'était un jour gris. Je ne parlais plus avec Shara depuis longtemps. Mais je voulais parler avec elle. Je voulais l'inviter à la *prom*. J'avais une idée. J'ai écrit un texto à Kyle. Il devait m'aider.

Je suis allé au terrain de football américain. Dans la neige, avec des lettres énormes, j'ai marché et j'ai écrit « PROM ? ». Shara était à son cours d'art. Kyle est entré dans sa classe pour parler avec elle.

*****

Akshara

Le temps était horrible. Il ne faisait pas soleil et il ne faisait pas chaud. Il neigeait. Je ne parlais plus avec Cooper depuis longtemps. Ce jour-là, j'étais très triste.

Après quelques minutes, Kyle est entré dans la salle de classe et m'a emmenée à la fenêtre. Il m'a dit :

« Regarde. »

Dans la neige, au milieu du terrain, j'ai vu le mot « PROM ? », et j'ai aussi vu Cooper. Il avait des fleurs à la main. Immédiatement, je lui ai écrit un texto.

« OUI ! »

Chapitre 20
Akshara

Le Temps

mardi, 15 avril

Panneau volé en cadeau

Les étudiants qui ont pris le panneau ... Rer foll

C'était la fin du mois de mai, le jour de la *prom*. Je n'avais plus de problèmes avec mes parents. Ils ont lu le journal et ont appris que le panneau était un cadeau pour Coach. Après quelques minutes, mes parents et moi sommes allés chez Cooper pour prendre des photos avant d'aller à la *prom* en bus. Et pendant que nous mangions et dansions, tous les parents dînaient chez les Benenson. Ma mère a préparé du *tchintchinga* pour le dîner.

Nous avons pris beaucoup de photos chez Cooper. Après ça, tous mes amis et moi sommes allés en bus à l'Hôtel W à

Greenwidge. Nous avons passé une excellente soirée. Nous avons un peu mangé et beaucoup dansé. À la fin de la soirée, le DJ a annoncé « Cette chanson est pour Akshara et Cooper. C'est une chanson très populaire en France. »

Il a mis la chanson *Toi et moi* de Maurane et Lara Fabian.

Cooper et moi avons dansé toute la nuit. La vie était belle. Très belle.

GLOSSAIRE

The translations provided are specific to the context in which they are used in this book.

A

a - has
à - to, at
Abercrombie - clothing retailer in the U.S.A.
(d')abord - first
à cause de - because of
acceptent - accept
acceptez - accept
(d')accord - okay
achats - shopping
achetaient - were buying
achetais - were buying
acheter - to buy
acheté - bought
à côté de - next to
activités - activities
adorais - loved
adorait - loved
adultes - adults
Afrique - Africa
afro-américain - African American
agissait - was about
ah - ah
ai - have
aïe aïe aïe - oh dear
aider - to help
aidé - helped
aimais - liked

aime - like/s
aiment - like
aimerais - liked
aimes - like
aîné - older
allaient - were going
allais - went
aller - to go
allons - go
allé/e(s) - went
ami/e(s) - friend(s)
américain(s) - American
anglais - English
année - year
annoncé - announced
ans - years
AP - advanced placement
appartement - appartment
appelais - called
appelait - called
appelle - call
appellent - call
appelles - call
appelez - call
apporter - to bring
apprends - learn
appris - learned
après - after

après-midi - afternoon
arachide - peanut
argent - money
arrive - arrive/s
arrivé - arrived
art - art
article - article
artistes - artists
arts plastiques - visual
  arts
as - have
attendu - expected
attitude - attitude
au(x) - to/at the
aucune - no, none
aujourd'hui - today
aussi - also
autochtones -
  indigenous, native
automne - autumn
autre(s) - other
avaient - had
avais - had
avait - had
avant - before
avec - with
avenir - future
avenue - avenue
avions - had
avis - opinion
avoir - to have
avons - have
avril - April

B

bal - dance
ballet - ballet
ballon - ball
bande - group
banque - bank
basanée - tanned
basket - basketball
baskets - sneakers
bâtiments - buildings
bcp - abbreviation for
  "beaucoup"
beau(x) - handsome,
  beautiful
beaucoup - a lot, much
belle - beautiful
(avoir) besoin - to need
bénévole- volunteer
bien - well
bienvenue - welcome
billets - tickets
biologie - biology
bizarre - bizarre
blanche(s) - white
bleu/e(s) - blue
blonds - blond
blouse - blouse
bon/ne(s) - good
bon marché -
  inexpensive
bonbons - candies
bonjour - hello
bout - end

bouteille d'eau - bottle of water
Brooklyn - one of the five boroughs of New York City
bruns - brown
bus - bus

C

c'/ce/ça - this, it
cadeau - gift
cadette(s) - younger
café - coffee shop
cahiers - notebooks
calculatrice - calculator
Cameroun - Cameroon, country in Africa
cantine - cafeteria
Caraïbes - Caribbean
carte - menu
carte de crédit - credit card
cause - cause
ceinture(s) - belt(s)
cela - that
centre commercial - mall
cet/te - this
champ - field
championnat - championship
chanson - song
chaque - each

chaud - hot
chaussettes - socks
chemin - path
chemise(s) - shirt(s)
cher - expensive
cherché - looked for
cheveux - hair
chez - at the home of
chinoise - Chinese
choqué - shocked
chose - thing(s)
ciao - 'bye
cinq - five
classe(s) - class(es)
classeurs - binders
classique - classic
club - club
coach - coach
collège - middle school
combien - how many/much
comme - like, as
comment - how, what
commentaires - comments
comprenait - understood
comprendre - to understand
comté - county
concours - contest
congolais - Congolese
construction - construction
continué - continued

contrôleur - train conductor
conversation - conversation
cool - cool
copain - friend
copine - friend
costume - uniform
couleur(s) - colors
Coupe du Monde - World Cup
cour - courtyard
courir - to run
courrais - I ran
cours - course(s), run
court - runs
couru - ran
cousins - cousins
crayons - pencils
créole - Creole
crié - yelled
cuisine - kitchen

D

d'/de(s) - of, from
(au) début - at first
décembre - December
décidé - decided
dans - in, on
danser - to dance
dansions - danced
dansé - danced
déjà - already
déjeuner - lunch

délicieux - delicious
demain - tomorrow
demande - asks
demandé - asked
depuis - since, for
dernière - last
désolé/e - sorry
dessinaient - were drawing
deux - two
devais - had to
devions - had to
devons - must
devrais - should
devrait - should
devrions - should
difficile(s) - difficult
différences - differences
différent/e(s) - different
dimanche - Sunday
dînaient - were dining
dîné - dined
dîner - to dine
direction - direction
dis - say
dit - says
dix - ten
DJ - DJ/disc jockey
dois - must
doivent - should
dollars - dollars
donc - therefore
donné - gave
dont - of which

dossiers - folders
douze - twelve
dribble - dribble
du - of/from the, some

E

eau - water
école - school
écouter - to listen
écoutions - listen
écouté - listened
écris - write
écrit - writes
écrivaient - were writing
égal - equal
église - church
élève(s) - student(s)
elle - she
elles - they (f.)
embrassé - kissed
en - in, on, of them
enchanté/e - nice to meet you
encore - again
endroit - place
énergiques - energetic
énormes - enormous
enfants - children
enfin - finally
enseigné - taught
ensemble - together
ensuite - then
entièrement - entirely

entraînement - sports practice
entraîneur - coach
entre - enter/s
entreprise - business
entré(s) - entered
envoie - send/s
envoyé - sent
envoyer - to send
épicerie - corner store
équipe - team
EPS - physical education class
es - are
est - is
est-ce que - is it that
et - and
être - to be
étaient - were
étais - was, were
était - was
état - state
États-Unis - United States
étions - were
étiquette - tag
étudiait - studied
été - summer
euh - um
éwé - indigenous language of Togo
Eurovision - international song competition

eux - them
évident - evident
excellent/e(s) - excellent
exerçait - exercised
exercice - exercise
explication - explanation
expliqué - explained
extraordinaire - extraordinary

F

faciles - easy
faim - hunger
faire - to do/make
fais - do
faisais - did
faisait - did/ was (weather)
fait - does
famille(s) - family(ies)
fascinant - fascinating
fatigués - tired
faut - must
femme - woman
fenêtre - window
(cela me) fera plaisir - I'd like that
fermé - closed
février - February
fiers - proud
fille(s) - girl(s)
fin - end
fini - ended

Flatbush - neighborhood in Brooklyn
fleurs - flowers
fois - time, instance
folle - crazy
font - do, make
foot(ball) - soccer
formidable - great
forte - loud
fournitures scolaires - school supplies
frère - brother
frais - cool
français - French
France - France
franco-sénégalais - French Senegalese
francophones - French-speaking
frappé - knocked
frisés - curly
froid - cold
fruits - fruit
fufu - starchy Togolese vegetable dish

G

Gap - U.S.A.-based retail clothes chain
garçon(s) - boy(s)
garder - to keep
gare - train station
gens - people

gentils - nice
géométrie - geometry
glace - ice cream
gommes - erasers
grand/e(s) - big
gris - gray
gros/se - fat
groupe - group

H

H & M - clothing retailer that caters to young people
habitais - lived
habitait - lived
(comme d') habitude - as usual
haïtien - Haitian
heures - hours
histoire - history
hiver - winter
hockey - hockey
homme - man
horrible - terrible
huit - eight
humains - humans

I

ici - here
idée - idea
il - he
ils - they
images - images
imaginais - imagined

immigrants - immigrants
immédiatement - immediately
important - important
importe - is important
incroyable - incredible
indiquait - indicated
indiqué - indicated
informatique - computer science
inquiète - worried
inquiets - worried
instant - instant
intellectuel - intellectual
intelligent - intelligent
intéressant - interesting
invite - invite/s
inviter - to invite
invité - invited
iPhone - iPhone
italienne - Italian
italiens - Italian
ivoirien - Ivorian

J

j'/je - I
jalouse - jealous
janvier - January
japonaise - Japonese
jaunes - yellow
jeudi - Thursday
jeune - young
jolie(s) - pretty
jouais - played

jouait - played
jouer - to play
jouions - played
jour(s) - day(s)
journal - journal
journée - day
juifs - Jewish persons
jumeaux - twins
jusqu' - until

K
kabiyè - indigenous l
   language of Togo
kaki - khaki

L
l'/la/le(s) - the
là-bas - over there
lait - milk
langues - languages
légumes - vegetables
lettres - letters
leur(s) - their
lis - read
lit - bed
littérature - literature
locale - local
loin - far
longs - long
longtemps - long time
lui - him
lundi - Monday
lutte - wrestling
lycée - high school

M
M. - abbreviation for
   monsieur
m'/me - myself
ma - my
madame - Mrs.
magasin - store
mai - May
maillot - bathing suit
main - hand
maintenant - now
mais - but
maison(s) - house(s)
maman - mom
manger - to eat
mangions - (we) ate
mangé - ate
marché - walked
mardi - Tuesday
mari - husband
marqueurs - markers
marrant - funny
marron - brown
mars - March
match - match, game
maternelle - maternal
maths - math
matin - morning
mauvais - bad
mère - mother
meilleure - better
mentionné - mentioned
merci - thank you
mercredi - Wednesday

mes - my
message - message
mètres - meters
Metro North -
    commuter train line
    between New York
    City and the outskirts
    of the city
mien - mine
milieu - middle
mince - thin
minute(s) - minute(s)
mis - put
Mme. - abbreviation for
    "madame"
moi - me
mois - month
moment - moment
mon - my
monde - world
monsieur - mister
montré - got in/on
Moscou - Moscow
mot(s) - word(s)
moyenne(s) - average
    sized
multiculturel -
    multicultural
(peintures) murales -
    murals
musée - museum
musique - music

N

n'/ne - not
nageons - swim
nationale - national
ne - not
neige - snow
neigeait - was snowing
nettoyait - cleaned
neuf - nine
ni - neither
noir/e(s) - black
nom - name
non - no
nord - north
normal - normal
nos - our
notre - our
nous - we
nouveau(s) - new
nouvel/le(s) - new
nuit - night
numéro - number

O

on - we
oncle - uncle
ont - have
onze - eleven
orange - orange
organisations -
    organizations
organiser - to organize
origine - origin

ou - or
où - where
ouest - west
oui - yes
ouvert - open

P

panneau - sign
pantalons - pants
papa - dad
papier - paper
par - by
parce que - because
parents - parents
parlaient - were
   speaking
parlais - was speaking
parlait - was speaking
parle - speak/s
parlent - speak
parler - to speak
parlions - spoke
parlé - spoke
paroles - words
particulier - particular
partie - part
pas - not
passions - spent
passé - spent
passés - spent
pause - pause
pays - country
payés - paid
peintures - paintings

pendant - while, during
penser - to think
pensez - think
père - father
personne(s) - person(s)
personnel - private
petit/e(s) - small
petit déjeuner -
   breakfast
peu - little, few
peux - can
photos - photos
piste - track
pizza - pizza
pizzeria - pizzeria
place - place
plante - plant
plat - dish
plein/e - full
plus - more
populaire - popular
portable - cell phone
portais - was wearing
portait - was wearing
porte - door
poubelle - trash
poulet - chicken
pour - for
pourquoi - why
pouvez - can
pouvons - can
premier - first
prend - takes
prendre - to take

près - near
primaire - elementary (school)
printemps - spring
pris - took
privée - private
prix - price
problème - problem
prochain - next
prof(s) - teacher(s)
professeur - teacher
professionnel - professional
prom - school dance held at the end of the school year in the U.S.
préféré/(s) - preferred
préparé - prepared
présente - present
présenté - presented
prévu - planned
promené - walked
puis - then

Q

quai - train platform
qualification - qualification
qualités - quality
quand - when
quarante - forty
quartier - neighborhood
quatorze - fourteen
quatre - four

qu'est-ce (que) - what + verb
que - that, what
quel/le(s) - which
quelque(s) - some
quelqu'un - someone
qui - who
quinze - fifteen
quoi - what

R

raides - straight (hair)
(avoir) raison - (to be) right
rayon - aisle (store)
reconnaissais - recognized
référence - reference
réformée- reformed
regarde - look/s
regarder - to look
regardé - watched
relation - relationship
rencontrer - to meet
rendre (visite) - to visit
rentrer - to return
rentres - return
rentrée - start of school
répond - respond/s
réponds - respond
répondu - responded
reposé - rested
représenté - represented

résidence - residence
résidente - resident
restaurant(s) - restaurant(s)
retour - return
retrouver - to meet
reverrais - would see again
rien - nothing
riz - rice
robe(s) - dress(s)
roses - pink
rouges - red
rue - street

S

s'/se - himself, herself
sa - his, her
sac - bag
sac à dos - backpack
sais - know
salade - salad
salle - room
salut - hi
samedi - Saturday
sauce - sauce
savez - know
sciences - science
scolaires - for school
seize - sixteen
semaine(s) - week(s)
sénégalais/e - Senegalese
sept - seven

serveuse - server
ses - his, her
seulement - only
short - shorts
si - if
signification - meaning
situation - situation
six - six
ski - ski
snowboard - snowboard
sociale(s) - social
sœur(s) - sister(s)
soif - thirst
soir - evening
soirée - party
soleil - sun
sommes - are
son - his, her
sont - are
sorti(s) - left
sortir - to leave
soudain - suddenly
souriaient - were smiling
sourire - to smile
souvent - often
sport - sports
sportif - athletic
sportive - athletic
Spotify - digital musical delivery service
spécial/e - special
Staples - office supply chain store in the U.S.
stylos - pens

suffit - enough
suis - am
sujet - subject
super - super
sur - on
surprise - surprise
sympa - nice

T

t'/te - yourself
ta - your
table - table
taille(s) - size(s)
tante - aunt
tard - late
temps - time, weather
terminer - to finish
terrain - ground
terrible - terrible
tes - your
texto - text(s)
Ti Ayiti - Creole for "Little Haiti"
Togo - small country in West Africa
togolais/e - Togolese
toi - you
ton - your
toujours - always
tous - all
tout/e(s) - all
train - train
trajet - route
travail - work, job

travaillais - worked
travaillait - worked
travaille - work/s
travailler - to work
travailles - work
très - very
treizième - thirteenth
trente - thirty
triste - sad
trois - three
trop - too much
trouvais - found
T-shirt(s) - T-shirt(s)
tu - you

U

UCONN - University of Connecticut
un/e - a, an
université - university
utilisé - used

V

va - goes
vacances - vacation
vais - go
vas - go
vendredi - Friday
venteux - windy
vert/e(s) - green
vêtements - clothing
veux - want
vie - life
viennent - come

ville - city
Vineyard Vines - preppy
clothing brand
vingt - twenty
violette - purple
visite - visit/s
visiter - to visit
visiteurs - visitors
visité - visited
vite - fast, quickly
voici - here is
voilà - there is
voir - to see
voiture(s) - car(s)
voler - to fly
volé - flew
voudrais - would like
voulais - wanted
voulait - wanted

voulions - wanted
voulons - want
vous - you (formal,
plural)
voyais - saw, was seeing
vrai - true
vu - saw

W

week-end - weekend
Westchester - county in
New York state just
outside of New York
City

Y

y - there
yeux - eyes

ABOUT THE AUTHOR

Jennifer Degenhardt taught high school Spanish for over 20 years and now teaches at the college level. At the time she realized her own high school students, many of whom had learning challenges, acquired language best through stories, so she began to write ones that she thought would appeal to them. She has been writing ever since.

Other titles by Jen Degenhardt:

Sancho en San Juan
Los chicos: Matías y Brayan | The Boys: Matías and Brayan
La chica nueva | *La Nouvelle Fille* | The New Girl | *Das Neue Mädchen* | *La nuova ragazza*
La invitación | *L'invitation* | The Invitation | *L'invito* | *Die Eindalung*
Salida 8 | *Sortie no. 8* | Exit 8
Raíces
Chuchotenango | *La terre des chiens errants* | *La vita dei cani* | Dogland
Pesas | *Poids et haltères* | Weights and Dumbbells | *Pesi*
Moda personal | *Style personnel*
LUIS, un soñador | *Le rêve de Luis* | Luis, the DREAMer
El jersey | The Jersey | *Le Maillot*
La mochila | The Backpack | *Le sac à dos*
Moviendo montañas | *Déplacer les montagnes* | Moving Mountains | *Spostando montagne*
La vida es complicada | *La vie est compliquée* | Life is Complicated

El verano de las oportunidades | <u>Summer of Opportunities</u>
Clic o no clic: la decisión final | *Cliquer ou ne pas cliquer : la décision finale*
El Mundial | *La Coupe du Monde* | <u>The World Cup</u> | *Die Weltmeisterschaft in Katar 2022* | *La Coppa del Mondo*
Quince | <u>Fifteen</u> | *Douze ans*
El viaje difícil | *Un voyage difficile* | <u>A Difficult Journey</u>
La niñera | <u>The Nanny</u>
¡¿Fútbol...americano?! | *Football...américain ?!* | <u>Soccer->Football??!!</u>
Era una chica nueva | *La nouvelle fille est arrivée*
Levantando pesas: un cuento en el pasado
La vida era complicada
Se movieron las montañas
Fue un viaje difícil | *C'était un voyage difficile*
¿Qué pasó con el jersey? | *Qu'est-il arrivé au maillot ?*
Cuando se perdió la mochila
Con (un poco de) ayuda de mis amigos | <u>With (a little) Help from My Friends</u> | *Un petit coup de main amical* | *Con (un po') d'aiuto dai miei amici*
La última prueba | <u>The Last Test</u>
Los tres amigos | <u>Three Friends</u> | *Drei Freunde* | *Les trois amis*
La evolución musical
María María: un cuento de un huracán | <u>María María: A Story of a Storm</u> | *Maria Maria: un histoire d'un orage*
Debido a la tormenta | <u>Because of the Storm</u>
La lucha de la vida | <u>The Fight of His Life</u>
Secretos | *Secrets (French)* | <u>Secrets Undisclosed</u> (English)
Como vuela la pelota
Cambios | *Changements* | <u>Changes</u>
De la oscuridad a la luz | <u>From Darkness into Light</u> | *Dal buio alla luce* | *De la obscurité à la lumière* | *Aus der Dunkelheit ins Licht*
El pueblo | <u>The Town</u> | *Le village*

@jendegenhardt9

@PuentesLanguage
World LanguageTeaching Stories (Facebook group)

Visit www.puenteslanguage.com to sign up to receive information on new releases and other events.

Check out all titles as ebooks with audio on www.digilangua.co.

ABOUT THE EDITOR

Françoise "Swaz" Piron was born and raised in Geneva, Switzerland, the daughter of a French mother and a Belgian father. She taught French (and German) at South Jefferson CSD for 35 years and retired in June 2021. She is a member of several world language teacher organizations, including ACTFL, NYSAFLT and AATF. She was a regular item writer and consultant at the NYS Education Department for the two French state exams for over 20 years. Swaz has presented numerous workshops at the local, state and national levels. She is the recipient of several NYSAFLT awards, was named "Chevalier dans L'Ordre des Palmes Académiques" by the French Ministry of Education and is the co-author of the book "*World Class, the Re-education of America*". When she is not proofreading or translating readers, she can be found doing outdoor activities, reading or working as a server in a local restaurant.

ABOUT THE COVER ARTIST

Arabel Bashor is a tenacious, creative, and passionate nature lover. Arabel enjoys math, science and literature. When choosing how to spend her time, she will design and create clothes, produce visual art, read a thrilling mystery, or just meditate gratitude. As an animal lover, Arabel wants to contribute to zoos and animal shelters. As a fashion buff, she longs to see her designs worn by celebrities at exclusive events. Her parents hope she will explore a career as a veterinarian or interior decorator to the rich and famous.